El reverso del cuerpo

poemas de
Natalia Blanco

El reverso del cuerpo

Copyright © 2024 Natalia Blanco (Seudónimo de JMS/NB)

ISBN de la edición impresa: 978-1-915922-48-9

Cuidado editorial, maquetación y diseño: Combray Editores
www.combray-editores.com

Queda prohibida la reproducción, distribución o transmisión total o parcial de esta publicación, en cualquier forma o por cualquier medio, incluidos el fotocopiado, la grabación u otros métodos electrónicos o mecánicos, sin la autorización previa por escrito del autor, salvo en los casos permitidos por la legislación sobre derechos de autor.

Sin embargo, eres completamente libre de publicar cualquier parte de este libro en tus redes sociales, así como de compartir extractos para reseñas o crear contenido promocional, pero siempre dando crédito al autor.

Combray Editores

Índice

lo que nunca aprendí	11
nada de qué preocuparse	13
memoria corporal	14
lo efímero	15
últimas veces	16
a escondidas	18
bálsamo de palabras	19
crecimiento personal	20
nada que decir	22
ambivalencia	24
como un pez	25
estrella caída	27
flores inesperadas	28
la mujer rota	29
lista de tareas pendientes	30
cuerpo interior	31
punto de no retorno	33
sonrisa de fantasma	35
sin rumbo	37
sanar a medida que pasa la vida	38
la mujer elefante	39

espinas	41
masacres domésticas	43
dos sesiones semanales	45
ventajas de caminar hacia atrás	47
pequeñas rebeliones	49
palabras de repuesto	51
escritura a mano	52
nadie a quien buscar	54
máquina expendedora	55
una casa modesta	57
crecer la cabellera	58
dormir	59
lista de compras	61
islas desiertas	63
reparaciones menores	65
no te culpes	67
la sonrisa secreta	68
la primera mujer	69
el arte de la imperfección	73
hablar a través del cuerpo	75
café con gotas de lluvia	77
las marcas de la vida	78
pequeños trucos de magia	79

número desconocido   81

¿dónde termina mi cuerpo?   82

lo que nunca aprendí

nunca aprendí a bailar
ni a hablar en público
ni en privado
ni a callarme cuando tenía que hacerlo

nunca aprendí a disparar un arco
ni un revólver
ni cómo conducir un camión,
y mucho menos un helicóptero

nunca aprendí a saber qué decir cuando
un desconocido está llorando
ni aprendí a descifrar las vívidas
constelaciones del cielo

nunca aprendí a apostar en la bolsa de
valores
ni cómo barajar un mazo de cartas
ni saltar desde un trampolín
ni caminar sobre el fuego

nunca aprendí a gritar mi rabia, mi
dolor, mi alegría,

ni cómo construir una casa, una balsa,
una trampa,

tampoco aprendí a conducir una manada
de elefantes a un destino seguro

nunca aprendí a tocar la guitarra
ni a detener una pelea
ni a convertir el plomo en oro,
mucho menos aprendí a volar
correctamente.

me dijeron que siempre habrá tiempo
para todo
pero aquí, entre nosotros,
sabemos que esto es totalmente falso.

nada de qué preocuparse

el médico me dijo que tengo
cálculos renales,
semillas en mi colon,
plástico en la sangre,
titanio en mi rodilla,
fluoruro en los huesos,
arsénico en el estómago
plomo en mis pulmones,
un viejo trozo de cristal clavado en la
planta de mi pie izquierdo,
una colonia de piojos en mi cuero
cabelludo,

me dijo que no me preocupara,
que, aparte de eso,
estoy bien, perfectamente bien.

memoria corporal

mis heridas no están completamente
recuperadas,
es cierto que el dolor ha desaparecido,
pero hay partes de mí en las que aún
perdura el recuerdo de ese dolor.

el cuerpo también tiene memoria,
cuando parece haber olvidado
en realidad no lo ha hecho,
sólo pretende hacerlo
para complacer al corazón
y a la mente,
incluso para complacer a los demás.

lo efímero

muy temprano en la mañana,
escribí un poema cerca de la playa.

la arena estaba húmeda, como recién
bañada.

cuando los turistas empezaron a llegar
con sus toallas, sus toldos, sus bebidas
mi poema había desaparecido.

se lo comió el mar,
mi más ferviente lector.

últimas veces

¿cuándo fue la última vez que cerré los ojos al recibir un beso?

¿cuándo fue la última vez que me pinté las uñas de rojo?

¿cuándo fue la última vez que recibí un ramo de rosas?

¿cuándo fue la última vez que canté en voz alta la canción que tanto me gusta?

¿cuándo fue la última vez que me llevaron el desayuno a mi cama?

¿cuándo fue la última vez que me carcajeé sin motivo?

¿cuándo fue la última vez que le pedí un deseo a una estrella fugaz?

¿cuándo fue la última vez que le escribí a él todo lo que sentía?

todo tiene una última vez, aunque no
sepamos cuando es ese día.

estemos en la vida como si cada regalo y
cada acción fuera la última.

.

a escondidas

ni mis amigas saben que escribo poemas,
ni mi novio
ni mis compañeros de la oficina

quizá todos se alegrarían si lo supieran,
o quizá no lo entenderían.

disfruto escribir como si fuera algo
prohibido, un secreto, un pecado.

es mi pequeño placer a escondidas.
no tengo razones para ocultarlo,
salvo que hacerlo en secreto hace que se
disfrute aún más.

bálsamo de palabras

de vez en cuando,
usa las palabras para regalarte todas las
maravillas que mereces.

no olvides aplaudirte,
incluso por tus logros más pequeños.

siéntete orgullosa de tu esfuerzo,
aunque no hayas cumplido
con las expectativas de los demás,
con lo que se suponía que debías hacer.

la vida no se trata de ser una roca
indestructible.
es acerca de llevar tu nombre con
orgullo,
y valorar las cosas buenas que has
construido...

así que sonríe con satisfacción
y repítete a ti misma:
me merezco todo lo bueno…
y mucho más.

crecimiento personal

las plantas también crecen hacia abajo,
sus raíces se hunden en la tierra oscura.
ni lombrices ni topos ciegos
puede admirar esa secreta y rara belleza.

no todo son flores y frutas.

lo que los sentidos no perciben también
es bello,
como la raíz que sostiene
al roble,
a la palmera,
a la rosa.

las raíces no quieren ser admiradas,
no les importa,
su finalidad es muy distinta,
ser una raíz consiste en
mantener la belleza del mundo.

no importa en qué dirección
decidas cultivarte a ti misma.
no olvides que el cielo es inmenso,

pero también son inmensas las
profundidades de la tierra.

nada que decir

es normal quedarse sin saber qué decir,
quedarse sin palabras
de la misma forma en que uno se queda
sin dinero.

es normal no saber qué responder,
incluso cuando alguien sólo dice "¿cómo
te sientes?".

es normal que se te trabe la lengua
cuando hay sentimientos de por medio.

es normal no conocer
cada una de las palabras del diccionario,
por ejemplo:
senescente,
limerencia,
nefelibata

a veces es normal
no saber pronunciar
nuestro propio nombre,
o decir en voz alta el nombre de la
persona que amamos

por miedo a revelar nuestras emociones
secretas.

pero incluso si nos quedamos sin
palabras,
no es para tanto…
siempre nos quedará la sonrisa,
los gestos, las miradas.

ambivalencia

la peor tristeza no dura toda la vida.
ni la mayor alegría es eterna.
estamos destinados a alternar dolor con
felicidad

disfruta de las cosas buenas
sabiendo que terminarán.
soporta los días malos sobre tus
hombros sabiendo que algún día
también acabarán.

como un pez

el ser humano siempre quiso tocar el sol,
la luna, las estrellas
volar como el águila y el cóndor

los consejeros de la vida nos dicen que
volemos alto, muy alto, sin miedo
que nos vistamos con alas para alcanzar
nuestros sueños

en lo personal,
mis sueños no están en lo alto
así que en vez de volar prefiero nadar,
la inmensidad del mar es infinita.

incluso estar en un lago
o en una alberca,
totalmente sumergida y con los ojos
cerrados,
es como volver
a la majestuosidad del vientre materno,
cuando las palabras no existían
pero los sueños sí.

nademos hasta tocar fondo,
visitar las fosas abisales,
donde seres que parecen de otros
planetas
crean sus propias luces.

nadar en cámara lenta,
sin miedo a caer dentro,
ni arder quemada por el sol.

nadar libre,
sin ser vista por los astrónomos,
ni por los pasajeros de avión.

en lugar de alas,
prefiero tener aletas, branquias y
escamas.
en lugar de aire,
prefiero el agua y las olas.

mientras todos vuelan alto,
yo nadaré profundo,
a mi gusto.
sumergiré mi cabeza
y escucharé sólo el sonido de mi
corazón.

estrella caída

encontré una estrella caída
en medio de la calle
no brillaba,
apenas parpadeaba
su agonía luminosa.
tenía cinco puntas,
como las estrellas que solía dibujar
cuando era niña.

pesaba como el plomo,
su núcleo estaba hecho de metales
antiguos.
desprendía calor.
como si recién acabara de caer del cielo.

quizás vino de muy lejos,
de una constelación aún sin nombre,
ya desvanecida,
pero aún brillante a nuestros ojos.

todavía la conservo,
a veces parpadea
como recordando que era una estrella
y no una simple roca.

flores inesperadas

a veces
mientras le quito la piel a una banana
o a una mandarina,
su cáscara forma gráciles figuras,
flores inesperadas
desapercibidas
de pétalos exóticos.

casi siempre
estas extrañas flores,
únicas en su especie,
van directamente a la basura,
porque nadie nota que nacieron.

la mujer rota

estoy hecha de papel
llevo papel en mis venas
no tinta, ni agua, vino
eso sería poético,
pero lo que llevo dentro es papel
del viejo,
del amarillo,
del que se quiebra con solo tocarlo.

lista de tareas pendientes

lavar la suciedad con fuego
borrar la memoria a martillazos
hacer una mermelada con la fruta
prohibida
silenciar mi lengua con puntadas de hilo
negro
tatuar tu nombre con un cincel afilado
escalar la montaña más baja del planeta
deshacer la cama al despertarme
abrir el paracaídas dentro de la
habitación
hacer un collar con todas mis pastillas
peinarme las pestañas una por una
comerme las uñas con sal y pimienta
repetirme frente al espejo:
gracias a dios que soy una mujer normal.

cuerpo interior

los hombres quieren nuestros cuerpos
ansían nuestros cuerpos
y eso está bien,
que lo quieran, que nos posean
hay días en que una mujer sólo quiere
ser poseída

otros días
sólo queremos un abrazo
y una taza de café caliente
compartir el aroma de la bebida

pero si quieren solo nuestro cuerpo
tenemos que exigir
que no sólo quieran nuestros muslos,
pezones, vaginas, labios, nalgas, pelo…
tienen que quererlo todo
y tienen que aceptarlo todo
que es la condición

tienen que querer también nuestros
riñones y nuestro hígado
nuestro tracto digestivo
nuestros pulmones

nuestro cerebro
(no sólo las ideas, sino la masa
encefálica, viscosa y trémula)
nuestros olores cuando no son tan
agradables
nuestro sudor cuando tenemos fiebre
nuestro mal aliento cuando acabamos de
despertarnos

porque hay un cuerpo que llevamos
hacia fuera
pero también está el cuerpo interior
lleno de órganos

así que está bien que quieran nuestros
cuerpos
pero tienen que aceptarlo todo.

punto de no retorno

pensé que era completamente normal
subir al metro con un libro
meter mi cabeza entre sus páginas
y olvidarme bajarme en mi estación
-como un ave migratoria insegura de su
destino

sentada,
o a menudo en orgulloso equilibrio
releer el mismo pasaje
una y otra vez,
primero en voz baja
luego en voz alta, casi a punto de gritar

subrayar esas líneas con un bolígrafo
rojo
arrancar la página
metérmela en mi boca
y masticarla vorazmente
hasta que el papel vuelva a su pulpa
original

mientras tanto, casi todos en el tren dan
un paso atrás,

algunos me apuntan con sus teléfonos
me vuelven viral por un rato

después de eso no se vuelve a ser la misma,
después de cruzar esa línea no puedes volver atrás,
pero eso no importa,
no quiero volver,
ni sé cómo,
no sé si el tren viene o va,
no sé si voy y vuelvo.

mientras tanto,
con el sabor del papel me basta.

sonrisa de fantasma

hay algunas razones por las que no
sonrío en las fotos

tengo una fila extra de dientes
(menos es más,
y más es peor)

mi sonrisa es una mueca que
desconcierta a casi todo el mundo

mi sonrisa no es de risa, dolor,
incomodidad, tristeza, tedio...

tengo que añadir lo peligrosa que es mi
mordedura,
y me gusta morder mucho,
no sólo en defensa o ataque,
también, por afecto...
pero eso es otra complicación,

y tampoco sonrío porque
desde hace tiempo
me veo borrosa en espejos y fotografías,

sospecho que he estado convirtiéndome en un fantasma.

sin rumbo

¿a dónde voy?
¿cuál es mi destino?

nunca lo he sabido, ni nunca lo sabré,

igual la pregunta no cesa,
insiste en su inutilidad,
pues no tengo respuesta.

sanar a medida que pasa la vida

no he terminado de curar
cuando tenga otra herida
el anterior aún no se ha curado
cuando un nuevo dolor llama mi
atención
una nueva decepción,
otra traición,
otro engaño

a veces me gustaría aislarme y dejar que
mi cuerpo
sanara completamente,
en paz, en silencio, a solas,
pero la verdad es que debo aprender a
curarme sobre la marcha.

la mujer elefante

a veces me siento como una mujer
elefante
un monstruo del circo antiguo,
una rareza

no es que parezca un elefante
no tengo su pisada decidida,
mi nariz es más bien chata,
no soy enorme,
porque
ya he perdido algo de peso
mi piel aún no está arrugada
y mis orejas, aunque grandes,
no son lo suficientemente grandes como
para volar,

pero creo que sí me parezco a ellos,
soy como una elefanta solitaria
perdida en la sabana
o en un rincón del zoológico de la
ciudad

compartimos esa mirada triste, llorosa,
acuosa y remota

que no puede hacer otra cosa que
recordar y recordar,
aunque lo que quiero hacer es
olvidar y olvidar.

espinas

desde que era adolescente,
justo en el momento de mi primera
menstruación,
empecé a desarrollar espinas
que salían de mi cuerpo

espinas no discretas
como las de las rosas
sino obvias, amenazadoras y agudas,
como las del puercoespín

no fui yo quien lo decidió,
sino mi cuerpo
que quería protegerme
de futuras decepciones y dolores

el resultado fue que no muchos se
acercaron a mí
porque nadie quiere salir herido

los pocos que se acercaron,
aquellos que realmente querían estar
conmigo,
lo hicieron lentamente,

con mucha delicadeza
dispuestos a soportar un rasguño o dos.

masacres domésticas

mis plantas se están muriendo,
no por falta de agua o luz solar,
o demasiado de ambas,
lo que quiero decir
es que mis plantas están siendo
brutalmente asesinadas por un extraño

cada tarde cuando vuelvo a casa del trabajo
encuentro mis plantas hechas pedazos,
salvajemente masacradas,
su savia derramada por el suelo,
sus tallos rotos y desmembrados,
ese olor a hierba recién cortada que
tanto nos gusta

su dolor es aún mayor por no tener una
lengua para lamentarse
para advertirse mutuamente del peligro
que se huele en el aire
ese gélido presentimiento que hasta
nosotros
(primates analfabetos)

nos cuesta expresarse bien
porque hemos metido en un cajón esos
instintos primarios
que nos dicen cuándo debemos huir
        cuando debemos irnos lejos
   sin mirar atrás.

dos sesiones semanales

mi terapeuta me dice que no me
esfuerzo lo suficiente
que debo dejar de temer
deja atrás la cobardía,
que debo renunciar a todo
dejar mi trabajo mal pagado,
las relaciones tóxicas,
los viejos vicios,
mi terapeuta dice que debo empezar
desde cero
hacer ese viaje que siempre he querido
hacer,
dejarlo todo atrás (en el pasado)
excepto nuestras dos sesiones
semanales,
porque mi terapeuta tiene una familia
que mantener,
una profesión respetable, una hipoteca,
deudas...

después de seguir al pie de la letra sus
consejos,
mi terapeuta me dice

que es necesario aprender que el miedo
es normal
y que a veces debo tener miedo (mucho)
que debo recuperar todo
conseguir un trabajo
-aunque esté mal pagado,
buscar pareja
-porque no es sano estar sola,
(toda mujer necesita un hombre, dice)
aprender nuevos hábitos aunque se
conviertan en vicios
(somos animales de costumbres, me dice
enfáticamente)

mi terapeuta me dice que retome las
cosas exactamente donde las dejé,
que debería establecerme en un lugar,
y deja de fantasear con destinos
imaginarios,
poner todo por delante (en el futuro)
y continuar con las sesiones,
dos veces por semana,
porque todavía tenemos
mucho trabajo por hacer.

ventajas de caminar hacia atrás

me gusta caminar hacia atrás
y ver cómo se disuelve el paisaje,
sentir como las cosas idas
parecen volver
y que lo que viene hacia mí huye en
retirada

caminar hacia atrás es para nostálgicas
extremos
(como yo)
para las que no podemos evitar mirar
atrás con añoranza
aunque todo se haga más pequeño
durante nuestra inevitable partida

caminar hacia atrás para ver el mundo al
revés, en reversa
pretendiendo que en el futuro
encontraremos:
      la fruta podrida que vuelve a ser
semilla
      el vientre que nos vio nacer

los gestos mudos que precedieron a la invención de las palabras.

pequeñas rebeliones

la mayoría de los espejos son obedientes,
fueron domesticados para
repetir nuestros movimientos exactos

algunos nos ensanchan,
nos estiran algo,
nos comprimen mucho,
pero en general
repiten nuestros movimientos con
precisión

de vez en cuando hay un espejo que
traiciona y se rebela,
un espejo que no quiere ser espejo,
quién sabe lo que quería ser,

su reflejo sacude una pestaña cuando no
debería,
su pecho late con una intensidad distinta
a la nuestra,
y transforma una tímida sonrisa en una
mueca oscura.

debemos cuidarnos de esos espejos traicioneros,
porque nos pueden hacer creer que somos otra persona.

palabras de repuesto

las palabras no son un bien renovable
las guardo con precaución
-no con avaricia,
no se ha demostrado que sean
interminables,
se desgastan como billetes
se agotan como cualquier civilización
y tarde o temprano dejan de tener valor,
dejan de decir algo

en tiempos de escasez
es mejor tener un puñado de palabras en
reserva,
un baúl de palabras enterradas
al pie de un viejo olmo
para desenterrarlas cuando realmente se
necesitan
con el riesgo, por supuesto,
de rescatar un tesoro ajeno
(es decir,
palabras y frases de otras personas)
y que entonces empecemos a hablar
como si fuéramos otros.

escritura a mano

ya nadie escribe cartas
ni de amor, ni de odio,
ni siquiera los acreedores escriben ya
cartas

hoy en día todo el mundo escribe para
regodearse en público,
para la masa viral,

ya nadie escribe cartas como es debido,
las escritas a mano
con salpicaduras de tinta,
a veces de sangre y lágrimas,
cartas que viajaban en sobres cerrados
susceptibles de perderse en la carretera,
o arder en el fuego,
sin que nadie sepa lo que decían.

este tipo de cartas ya no existen
sin embargo espero que un día
me llegue una carta con retraso,
sólo una,
escrita hace años por alguien
cuyo nombre he olvidado,

tal vez esa carta está viajando de país en
país,
de caballo en caballo en caballo,
de barco en barco,
pasando de la mano de un cartero a
otro,
algún día (si es que esa carta existe)
llegará a su destino,
es decir,
a mis manos, a mis ojos, a mi corazón.

nadie a quien buscar

cada vez que alguien llama a mi puerta
mi mundo se desvanece,
mis pocas certezas sobre la vida se
evaporan,
porque se supone que nadie debe llamar
a mi puerta o tocar mi timbre
en este mundo
donde me dijeron que todos los de fuera
habían muerto.

así que nunca atiendo el llamado,
en parte por mí y por mis miedos
heredados,
pero sobre todo por el bien de aquellos
que insisten en llamar a mi puerta
a pesar de que se les advirtió que todo el
mundo aquí estaba muerto.
y que no hay nada ni nadie dentro
nadie a quien buscar.

máquina expendedora

cuántas horas perdidas pasamos delante
de la máquina expendedora,
decidiendo la dosis de azúcar y
carbohidratos de las 4 de la tarde,
mirando al horizonte de bolsas de
patatas fritas y envases de caramelos
esperando en vano una señal,
una epifanía

allí vemos pasar la vida
la vida que pasa sin moverse,
sin que se la lleve el viento,
sin que el sol salga y se ponga
sin mirar la salida de las estrellas,
sólo esa bombilla de neón,
los números parpadeantes
solamente oír el murmullo incesante del
filtro de agua

así es la vida en la oficina,
empleos bien o mal pagados,
no importa,
es la vida la que se va,

junto con la compañía de esas tristes
máquinas,

por eso sigo creyendo en la poesía,
en su cálida compañía
que me devuelve los pedazos de vida
perdidos,

igual sigo contemplando las máquinas
expendedoras,
las acompaño en su soledad eléctrica,
no hablo con ellas
(tampoco es que esté loca)
soy bastante rara, lo sé,
tal vez como tú, querida amiga rara que
me lees

máquinas, queridas máquinas,
siempre me infectan
con su entusiasmo por la vida.

una casa modesta

mi primer y último hogar siempre será
mi cuerpo,
una casa modesta,
de dos pisos, sin sótano,

con un pequeño jardín triangular
que a veces podo con la navaja,

con tuberías más o menos limpias
(aunque las grasas trans y los cigarrillos
no ayudan mucho)

con muchas puertas que pongo y quito
dependiendo del tipo de visitantes

una casita confortable
pero a veces no me basta

de vez en cuando
me gustaría entrar en casa de alguien
en otro cuerpo
sólo para saber qué se siente vivir allí.

crecer la cabellera

solía sembrar mi propio cabello
en el suelo de los jardines ajenos
en las fracturas de las aceras públicas
y entre las piedras arenosas de las playas

pensé que podría hacerlo crecer hasta las
profundidades de la tierra

crecer yo misma,
desde el pelo hasta los pies,
desplegar mi cuerpo en el subsuelo
como un tubérculo,
reproducirme en la quietud de la tierra,

¿en esto consiste el renacer?
¿o lo he entendido mal?

crecer,
crecer hacia abajo,
crecimiento lateral
veamos qué pasa con nuestra propia
semilla.

dormir

me gusta dormir hasta las dos de la tarde
es un talento natural
el mejor que tengo, tal vez el único

incluso cuando tengo que empezar a
trabajar temprano
mientras todo el mundo bulle, sufre,
corre y hace
yo estoy ahí, camuflada en el ajetreo de
la oficina,
pero ausente de todo
disfrutando de mi sueño secreto
que puede durar hasta el final del día
a veces durante semanas y meses

algunos lo llaman hibernación activa
yo simplemente lo llamo
mi talento para dormir hasta las dos de
la tarde

si no puedes huir de la vida
puedes ignorarla durante un tiempo,

dijo un sabio alguna vez,
no recuerdo cuál de todos,
tal vez solo fue una frase que leí en
algún retrete mugriento.

lista de compras

crema facial de aloe vera,
champú de aceite de coco para el
cabello,
limpiador hidratante para los lóbulos,
protector solar uv50,
mascarilla facial nocturna,
polvos compactos y colorete,
iluminador de mejillas,
faja adelgazante, pintalabios, maquillaje
fijador de maquillaje,
delineadores,
rizador de pestañas,
bálsamo labial,
esmalte de uñas,
quitaesmalte,
mascarilla para el pelo,
sprays, mousses, geles,
planchas de pelo, rizadores,
desodorantes,
geles de ducha,
agua de colonia
perfumes,
loción corporal perfumada
productos antienvejecimiento,

cremas adelgazantes,
crema anticelulítica,
crema antiarrugas
maquinilla de afeitar,
cera depilatoria,
suplementos nutricionales y vitaminas,
tés para la salud de la piel,
infusiones para la salud capilar
ungüentos para la salud de las uñas,
aceites esenciales para aromaterapia
...

pero hoy me saltaré la lista

hoy sólo quiero una tableta de chocolate
con almendras y un helado de vainilla...
y tal vez una coca-cola sin azúcar.

islas desiertas

incluso las ciudades más concurridas
albergan islas desiertas,

es muy fácil dar unos pasos
y perderse entre la multitud,
sentir que la civilización es sólo un
montón de luces en la distancia
un sueño arrullado por el ronquido de
motores de automóviles
y envuelta una bruma venenosa
de monóxido de carbono

no hay que ir muy lejos para estar
completamente sola

bastan unos pocos kilómetros para
encontrar un oasis de soledad absoluta

a veces basta con sentarse en medio de
la plaza más poblada
cerrar los ojos
quitarse los zapatos
dejarte crecer la cabellera,
el vello púbico,

las uñas de los pies
y empezar a hablar en voz alta,
en una lengua recién inventada.

reparaciones menores

después de caer de la cuerda floja
desde varios kilómetros de altura
-en una ciudad desconocida
cuando el circo estaba en su mejor
momento...

el médico me dijo que todo iba a estar
bien,
que sólo se necesitarían unos pocos
tornillos
para arreglar mis huesos rotos

al aire libre,
en una camilla hecha de tablas de
madera
me insertaron
un tornillo de hierro en la palma
izquierda
otro en la palma derecha
otro en el empeine de mis pies...
y otro en el pecho

allí me dejaron colgado a la intemperie
mientras mi cuerpo se reparaba

la multitud se entusiasmó durante un tiempo
(los cuervos también)
pero se dispersaron cuando empezó a llover,
era viernes (día de circo)
y el médico no volvería hasta el lunes

todo estará bien,
me gritó su asistente,
en la distancia,

esto es más normal de lo que crees,
nada especial.

no te culpes

no te culpes
por los errores de otros

pero sobre todo y lo más importante
por favor, no te culpes
por tus propios errores

la sonrisa secreta

me gusta mi sonrisa cuando nadie la ve
cuando en privado me miro en un
espejo
cuando me tomo una *selfie* solitaria en
medio del aburrimiento

pero cuando salgo a la calle
o cuando otro me toma una foto
o cuando me graban
o cuando me piden responder algo
o cuando finjo reírme por un chiste
sé que mi sonrisa no es bonita
que tiene algo triste,
mecánico, asimétrico,
tímido, artificial

por eso prefiero sonreír en soledad
solo para mí
a veces me basta con eso.

la primera mujer

es cierto que fui yo,
Eva,
quien probó la manzana prohibida,
la arranqué del árbol y le di el mordisco
fatal

y es cierto que Adán no quería porque
estaba tumbado en la hierba tocándose
sus genitales

probé la manzana no por hambre
o gula,
sino porque quería saber cómo
funcionaba la vida,
quería entender sus mecanismos
encontrar mi lugar en este mundo.

no probé la manzana por rebeldía,
ni por capricho,
ni porque estaba histérica
ni por ser débil
ni mucho menos por necedad o maldad
como muchos quieren hacer creer

probé la manzana por hambre de
conocimiento,
el mismo tipo de hambre de cuando
voy a la librería local
y salgo con dos bolsas
lleno de libros
lista para devorarlos todos
sin importar lo que digan.

el cuerpo y sus partes no reveladas

igual que para muchos no siempre se
supo que existían la Antártida o
Australia,
e incluso toda América

quizás en el futuro
alguien nos dirá que se ha descubierto
una nueva parte de nuestro cuerpo

un pequeño apéndice
-escondido entre las costillas-
que nadie había visto antes

una pequeña parte de nosotros
que nadie sabía que existía
un nuevo trocito de nuestro cuerpo,
soso, amorfo
como un chicle seco masticado,
incoloro,
pero igual una parte vital que cambia de
una vez por todas
la forma en que sentimos

…y la forma en que nos recuperamos
del dolor
ese tipo de dolor
que a veces inunda todo nuestro cuerpo
pero que no sabemos
de dónde viene.

el arte de la imperfección

nos han dicho que nos esforcemos por
alcanzar la perfección,
por ser la mujer perfecta

para lograr esta fácil tarea
hay unas sencillas directrices que
debemos seguir al pie de la letra

simplemente no debes ser demasiado
alta, ni demasiado baja
ni demasiado oscura ni demasiado pálida
ni demasiado tonta ni demasiado
inteligente
ni demasiado feliz ni demasiado triste
el cabello no demasiado lacio, y no muy
rizado
ni demasiado independiente, ni
demasiado débil,
ni demasiado gorda, ni demasiado
delgada
ni demasiado deportista, ni demasiado
elegante
ni muy piadosa, ni muy puta
ni muy soltera, ni muy casada

ni muy dormida, ni muy despierta
ni demasiado natural, ni demasiado
artificial
ni demasiado viva, ni demasiado muerta

quieren que todas las mujeres estemos
en el justo medio,
en un pequeño punto
que no existe,
pero que debemos alcanzar.

hablar a través del cuerpo

hay gente (la mayoría)
que habla con su lengua,
con la boca,
con sus cuerdas vocales.

yo hablo a través de mi cuerpo,
no con el corazón, ni con los ojos, ni
con la cabeza,
nada de eso,

hablo con los dedos
con mis dedos y la pluma sobre el papel
con mis dedos en el teclado de la
computadora

mis dedos silenciosos con sus uñas
pulidas
saben gritar,
cantar y hacer señas,
saben decir las cosas mejor que mis
cuerdas vocales

a veces mis dedos permanecen mudos
(ante la temible página en blanco),

pero casi siempre
tienen algo que decir,
están entrenados para eso
como los dedos de un pianista
están entrenados para producir música

cuando tengo algo importante que decir
no lo digo con la boca
sino que corro a buscar un papel
pero a menudo,
me tardo
y entonces
la persona que debía escucharme
ya se ha ido.

café con gotas de lluvia

tienes que dar más cada vez, me dicen
hay que luchar, me dicen
tienes que ser fuerte como una roca, me
gritan.

no debes rendirte, me obligan
no hay que rendirse ante la adversidad,
me aconsejan.

todos me dicen muchas cosas,
muchos consejos no solicitados
hoy solo quiero descansar

estar sola una tarde,
conmigo misma, con mi propio silencio.

solo quiero una sola tarde sin
preocupaciones,
con una taza de café humeante
delante de la ventana
mientras el cielo se vuelve gris
y la calle se llena de gotas de lluvia.
sólo eso.

las marcas de la vida

la piel, los huesos, el pelo,
las células y los órganos internos
siempre hacen todo lo posible por
repararse.

al menor rasguño
se activan los mecanismos para sanar las
heridas.

todos los cuerpos tienen cicatrices.
algunas son muy notorias,
algunas están ocultas,
otras son demasiado pequeñas para que
las perciba el ojo.

todo nuestro cuerpo es una cicatriz,
porque todas hemos sido heridas,
a veces sin darnos cuenta,
sin saber quién es el responsable.

así la vida nos va marcando,
y nos hace saber que estamos vivas.

pequeños trucos de magia

con el tiempo aprendí
a meterme una bola de fuego con pasta
de dientes por la garganta
sacar un montón de conejos de mi
cartera
abrir un agujero invisible en el aire
levitar en la cola del supermercado

pero mi mejor truco
              (hasta ahora)
es doblarme en varias partes
como un origami
para hacerme portátil

esconderme en los lugares más
pequeños
en un bolsillo
en un bolso
en un tarro de galletas

perderme del mundo
mientras la tierra gira una o dos veces
más,

doblada, escondida, inadvertida
en otras palabras:
oculta para ponerme a salvo.

número desconocido

se enciende la pantalla del móvil
lo tengo en silencio
es medianoche
dejo que la luz de la pantalla se derrame
entre mis manos
como si fuera agua que dejo correr

siempre me llamas desde un número
desconocido, privado, invisible
no contesto
ni dejas de llamar

esto no es buscarse
esto no es quererse,
es sólo una llamada invisible
un susurro silencioso
en mitad de la noche.

¿dónde termina mi cuerpo?

algunas partes de mi cuerpo me
abandonan

son como marineros
que en pequeñas embarcaciones
huyen de un naufragio

esa uña cortada
ese pelo caído
esa pestaña desprendida
y esas pequeñas células de cuando
poco a poco cambio mi piel

¿sigo siendo yo allí?
en esas piezas dispersas?

¿dónde termina realmente mi cuerpo?

esa lágrima huérfana que dejé en mi
almohada...
ese sudor que quedó en tus sábanas...
     ¿siguen siendo mi cuerpo?

me quedo, poco a poco,
en todos los lugares que visito
pero sobre todo en los lugares
donde sudo
y donde lloro.

SOBRE MÍ

Soy un seudónimo.
Pero soy. Y eso es lo que importa.

Combray Editores

Convertimos tu manuscrito en un libro, tus ideas en realidad.

Publicamos con calidad editorial los libros que creemos que valen la pena ser leídos.

¿Quieres publicar con nosotros?

Conoce nuestro catálogo en nuestro sitio web y contáctanos:

www.combray-editores.com

www.ingramcontent.com/pod-product-compliance
Lightning Source LLC
Chambersburg PA
CBHW020414230426
43664CB00009B/1275